10 Lições sobre
SCHOPENHAUER

CB053208

Dados Internacionais de Catalogação na Publicação (CIP)
(Câmara Brasileira do Livro, SP, Brasil)

Monteiro, Fernando J.S.
    10 lições sobre Schopenhauer / Fernando J.S.
Monteiro. 2. ed. – Petrópolis, RJ : Vozes, 2014. –
(Coleção 10 Lições)

    Bibliografia.

    3ª reimpressão, 2020.

    ISBN 978-85-326-4089-5

1. Filosofia alemã 2. Schopenhauer, Arthur
1788-1860 I. Título. II. Série.

11-02072   CDD-193

Índices para catálogo sistemático:
1. Schopenhauer : Filosofia alemã : 193

Fernando J.S. Monteiro

10 Lições sobre
SCHOPENHAUER

EDITORA
VOZES

Petrópolis

© 2011, Editora Vozes Ltda.
Rua Frei Luís, 100
25689-900 Petrópolis, RJ
www.vozes.com.br
Brasil

Editoração: Dora Beatriz V. Noronha
Diagramação: Victor Mauricio Bello
Capa: Sheilandre Desenv. Gráfico
Ilustração de capa: Omar Santos

ISBN 978-85-326-4089-5

Editado conforme o novo acordo ortográfico.

Este livro foi composto e impresso pela Editora Vozes Ltda.

Nec laudes, nec vituperationes, nec honores, nec supplicia justa sunt, si anima non habeat liberam potestatem et appetendi et abstinendi, sed sit vitium involuntarium.

Clemente de Alexandria[*]

---

[*] *Stromates* I, 17 – "Nem os elogios, nem as censuras, nem as honras, nem os suplícios são justos, se a alma não tem livre poder de desejar ou abster-se, visto que o vício é involuntário".

Sumário

LISTA DE GRÁFICOS ESQUEMÁTICOS

PREFÁCIO

Obiter dicta

*Prof. Dr. iur. Marcílio
Toscano Franca Filho*[*]

No panorama em que a trama do real é tecida com enorme velocidade há quem chame o tempo atual de "pós--modernidade". Há quem prefira "modernidade líquida". Há, ainda, os que dizem que vivemos imersos em uma "sociedade do risco". Em qualquer desses cenários, a única certeza é a constância da mudança, a perenidade do transitório e o triunfo do efêmero e do virtual sobre o longevo, o duradouro, o perpétuo ou o concreto. Exatamente por isso não poderia ter chegado em melhor hora a decisão da Editora Vozes de dar prosseguimento à sua já tradicional série "10 Lições sobre..." com um volume dedicado à vida e à obra de Arthur Schopenhauer, filósofo alemão cujas meditações são marcadas, se não por um enorme pessimismo, mas, certamente, por uma firme contundência crítica e algum mal-estar existencial – *as Weltschmerzen* – ambas características incontornáveis para melhor se compreender a nossa contemporaneidade tão indigente quanto indulgente.

---

[*] Pós-doutor (Instituto Universitário Europeu, Florença), doutor (Universidade de Coimbra) e mestre (UFPB) em Direito. Professor-visitante do Programa de Pós-Graduação em Relações Internacionais da Universidade Estadual da Paraíba (UEPB). Procurador-geral do Ministério Público junto ao Tribunal de Contas da Paraíba.

A obra de Arthur Schopenhauer está longe de figurar em meio às longas estantes do *prêt à penser*. Herdeiro de uma caudalosa tradição humanista alemã, ele escreveu com profundidade e rigor sobre uma teoria do conhecimento, uma estética, uma ética e, em certo sentido, até sobre uma metafísica e uma ontologia. Grande inspirador de nomes como Richard Wagner e Friedrich Nietzsche, não seria exagero dizer que Schopenhauer procurou elaborar uma "filosofia total" – *Gesamtphilosophie*. Dessa abrangência advém justamente mais uma boa razão que empresta legitimidade à publicação deste livro.

A atualidade e a abrangência do pensamento de Schopenhauer não são, porém, as únicas razões para se dar a público, com o merecido júbilo, o presente texto. Toda aquela complexidade monumental do legado schopenhauriano foi compreendida e esmiuçada com maestria pelo Professor Fernando J.S. Monteiro, neste volume em que cartografa caminhos, posições e direções do filósofo de Dantzig. A rica e duradoura experiência do autor na cátedra de filosofia na Universidade Federal da Paraíba fica patente ao longo do texto. A sua sagacidade, perspicácia e diligência restam claras na precisão com que maneja os conceitos centrais da filosofia de Schopenhauer; na habilidade com que se vale de exemplos e argumentos elucidativos e didáticos; na intimidade com que percorre os vários idiomas dos comentadores de Schopenhauer; na argúcia com que cria imagens e quadros que dão forma visual a elucubrações teóricas complexas e na refinada elegância com que se dirige ao leitor. Enfim, não emerge do texto qualquer dúvida de que toda essa artesania intelectual para, em dez lições, joeirar o pensamento schopenhauriano foi objeto de um longo e dedicado trabalho de reflexão. Um trabalho de maturada ponderação que consegue se concentrar com êxito no minimalismo das coisas essenciais.

Praia do Cabo Branco, junho de 2010.

INTRODUÇÃO

É habitual a vinculação de Arthur Schopenhauer e de seu pensamento ao pessimismo. No entanto, a disposição pessimista, que não raramente conduz ao conformismo ou ao imobilismo, afasta-se sobremodo do caráter irrequieto do filósofo. Em verdade, a gênese do pessimismo residiria na Vontade, que aqui deve ser entendida como algo indômito, irracional, desprovida de conhecimento, que tem princípio e causa em si mesma e é possuidora de um infinito desejo: o desejo de afirmar-se. Ora, o mundo seria então a objetivação dessa Vontade, tornada possível através de um sujeito. E como o sujeito também não foge à objetivação da Vontade, o mundo, portanto, seria uma mera representação do sujeito, onde a Vontade manifesta-se como fundamento ontológico.

Schopenhauer procura estabelecer, seguindo os passos de Immanuel Kant, uma diferença entre a Vontade e sua representação, ou seja, entre coisa-em-si e fenômeno. Todavia, enquanto Kant enfoca a inacessibilidade da coisa-em-si, Schopenhauer aborda uma visão metafísica dessa essência, ou seja, ele trata de uma Metafísica da Vontade[1], e essa Vontade se expressa através de suas múltiplas representações percebidas pelo sujeito. A coisa-em-si kantiana

---

1. Decidimos usar o termo "Vontade" em maiúsculas, posto que, como substantivo próprio, vem designar a essência das coisas, a Vontade em-si; com letras minúsculas, a vontade individual, visto que a Vontade em-si se distingue do *prinicipium individuationis*.

pode ser representada por um X, algo incognoscível; para Schopenhauer, a Vontade, enquanto coisa-em-si, pode ser conhecida através de representações enquanto ideias. O mundo, tanto quanto o sujeito que o percebe, são representações objetivas dessa Vontade. O corpo movimenta-se, age e responde a determinações da Vontade, pois que também é representação.

A Vontade, identificada por Schopenhauer, está presente em toda a natureza; revela-se nos corpos orgânicos e inorgânicos, sejam minerais, vegetais ou animais; pode ainda revelar-se como fenômenos físicos e químicos entendidos como leis naturais. As múltiplas representações (objetos mediatos) só são apreendidas através do corpo (objetivação imediata), pois o corpo, primeira representação da Vontade, através dos sentidos (da percepção), apreende o objeto; essa apreensão afeta a estrutura cerebral que formula conceitos para culminar na inteligência. O corpo só é objeto mediato quando apreendido por outro corpo. Em última análise, as representações empíricas (múltiplo) transformam-se em representações abstratas (uno). A linearidade da Teoria do Conhecimento em Schopenhauer mostra-se simples: parte de uma sensação, torna-se uma percepção intuitiva, que já é uma forma de conhecimento, passa pelo entendimento, dá origem à reflexão, para enfim estabelecer conceitos. Os conceitos, portanto, seriam representações de representações. Contudo, a razão, a capacidade de abstração, apanágio do ser humano, estará sempre subjugada à Vontade. Neste sentido, Schopenhauer pensa ter resolvido a irremediável dicotomia entre o mundo "que me é dado" e o entendimento.

O fator de diferenciação entre o homem e os demais animais é a capacidade de abstração; em se tratando de animais, estes seriam limitados à orbe da intuição, o que de certo modo permite-lhes perceber todas as representações necessárias à satisfação dos instintos, ou seja, às determinações da Vontade. Já no homem, a Vontade determina-se através dos desejos; o homem pensa estar buscando sua íntima satisfação, mas, no entanto, ele está satisfazendo a natureza, enquanto representação da Vontade. É a procura das realizações que faz do homem este ser lacunar, presa das dores e sofrimentos. O mundo, na visão schopenhauriana, é um vale de lágrimas, mas este mundo é objetivação da Vontade e, portanto, ela (a Vontade) de certa forma se opõe a si mesma, posto que o homem, também objetivação da Vontade, sofre em favor da Vontade aquilo que por ela foi determinado. O homem então mostra-se pessimista e o pessimismo faz com que ele crie uma visão negativa das coisas, também representações. Oportunamente citamos: *Es sind nicht die Ding, sondern allein unsere Meinungem von den Dingen, was die Menschen in Unruhe versetzt*[2] (EPÍTETO, 1948, p. 15).

A visão pessimista que o homem guarda do mundo tem como causa sua capacidade de abstração, posto que essa capacidade, serva da Vontade, faz com que o homem perceba-se limitado em relação ao mundo. Há uma evidente preocupação do homem em postar-se além dos limites impostos pela Vontade, além do que este não vive só o momento presente, ele traz recordações de fatos passados, bem como expectativas de um futuro. Aliada a essas recordações e expectativas vem a certeza da morte, certeza que se torna angústia para aquele que procura satisfazer a Vontade que quer afirmar-se.

O que Schopenhauer propõe na verdade é uma "filosofia do consolo" (SCHOPENHAUER, 2000, p. XVII). O que o homem teme é o devir. É tão quimérico o nada de-

---

2. "O que perturba os homens não são as coisas, mas a opinião que eles têm delas."

pois da morte quanto a ociosidade num paraíso religioso. Muito embora o argumento de que a Vontade determine uma existência eivada de percalços, frustrações e sofrimentos, é possível afastarmo-nos de tal "vale de lágrimas", suprimindo a Vontade, agredindo-a, violentando-a. O pensamento, a reflexão, o conhecimento podem facultar semelhante empresa. O homem pode buscar uma pura visão do mundo e das coisas, ou seja, a Ideia, entendida como objectidade adequada da Vontade. Além disso, pode abandonar sua individualidade, uma fonte de egoísmo, o modo particular de conhecer.

É na estética que Schopenhauer vê a solução para mitigar de modo efêmero o sofrimento. A arquitetura, a escultura, a arte, a poesia, a música, traduzem as ideias, os arquétipos e, ao observá-los, o homem situa-se acima desta realidade absurda que é o mundo das representações. No abandono de sua individualidade e com a eventual contemplação das ideias, o homem torna-se o "puro sujeito do conhecer". Lamentavelmente, Schopenhauer nos alerta de que esta contemplação só é possível numa parcela pequeníssima do tempo; são instantes. Aqui se percebe que a estética schopenhauriana aponta para uma ética.

Ao lograr êxito em suprimir a Vontade, o homem experimenta a liberdade, mas essa liberdade dista-se da liberdade da Vontade. Esta última se revela como espontaneidade, como fato natural; já a liberdade conquistada pelo sujeito é algo negativo, negativo porque nasce da necessidade de se opor a uma condição natural. Mas o opor-se à Vontade com o fito de suprimi-la é a busca de uma condição também acessível ao homem, é uma ascese, uma das mais difíceis posturas das virtudes cristãs. A compaixão – *mitleiden* – vem opor-se ao egoísmo; é o solidarizar-se com o próximo na partilha de seus sofrimentos. A ascese vem traduzir-se em liberdade, vem sublimar os desejos; podemos erguer o "Véu de Maya" (o mundo da aparência). Schopenhauer pode dizer com convicção: "Minha filosofia inteira pode resumir-se em uma expressão: o mundo é o autoconheci-mento da Vontade" (SCHOPENHAUER, apud WEISCHE-DEL, 1999, p. 252).

Primeira lição

Um pensador amargurado

Arthur Schopenhauer nasceu em 22 de fevereiro de 1788, em Dantzig, filho de um rico comerciante que, com a abrupta anexação dessa cidade à Prússia em 1793, optou por estabelecer-se com a família em Hamburgo. Heinrich Floris Schopenhauer acreditava que o filho viria a lhe suceder nos negócios e, para tal empresa, entendia que a boa educação era o "conhecimento do mundo". Ainda aos nove anos, o jovem Arthur foi entregue a um amigo de seu pai, um armador no Havre, fato este que fez com que o rapaz, quando por ocasião do retorno ao convívio familiar, já praticamente esquecera a língua materna.

Aos doze anos, despertava no rapaz Schopenhauer o gosto pelos estudos, mas o pai induziu-o a uma viagem por dois anos a diversos países e cidades, tentando prepará-lo para a vida de comerciante. Isto, de certo modo, facultou-lhe o domínio fluente de vários idiomas, tais como o inglês, o francês, o espanhol, além do latim e grego que mais tarde estudaria na universidade.

Logo após o retorno da família, Heinrich, diante das complicações financeiras, veio a falecer inesperadamente (não foi afastada a hipótese de suicídio), deixando, além do jovem Arthur e sua irmã Adélia, viúva Johanna, vinte anos mais jovem do que ele; bela, inteligente, culta, sedutora e perdida em imensurável fatuidade. A jovem viúva, uma boa novelista, fora acolhida em Weimar pelo círculo de Goethe, enquanto Arthur se emprestava à prática comercial em

Hamburgo, já nutrindo uma forte aversão pela vida dissoluta de sua mãe.

Em 1807, aos 19 anos de idade, Arthur Schopenhauer entra para o Liceu de Weimar, onde, apesar de se dedicar com afinco aos estudos das línguas e dos clássicos, vem a ser expulso em virtude de uma sátira endereçada a um de seus professores. Em Weimar, continua os estudos e partilha a convivência com a mãe, em que se patenteia o conflito de temperamentos; Schopenhauer não poupa críticas às frivolidades de sua mãe. Nessa época, o jovem Arthur sofre sua primeira decepção amorosa com a atriz Caroline Jagemann.

Em 1809, inscrito no curso de medicina, Schopenhauer entra para a Universidade de Göttingen, mas a Filosofia lhe conquista a atenção rapidamente. Os estudos aprofundados em Platão, Kant e a filosofia hindu lhe absorvem o tempo entusiasticamente. Na Universidade de Berlim, em 1811, passa a frequentar as aulas de Schleiermacher e Fichte, a quem se reporta com mordacidade e frieza. Mas é na Universidade de Jena, em 1813, que Schopenhauer doutora-se com a tese *Über die vierfache Wurzel des Satzes vom zureichendem Grunde*[3], obra que apresenta o fio condutor de seu pensamento, ao qual se manterá fiel até o fim da vida.

O ancião Goethe o julga interessante e original, e lhe sugere trabalhar numa teoria antinewtoniana da visão. Schopenhauer, a partir dessa sugestão, escreve "Sobre a Visão e as Cores". Sua mãe lhe faz acirradas críticas, e o rompimento definitivo entre ambos vem calcado no fato de esta permitir-se à convivência com um "amigo íntimo" que acolhera em seu lar.

Com a ruptura em 1814, Schopenhauer passa a viver em Dresden, onde durante quatro anos escreve sua obra

---

3. "Sobre a quádrupla raiz do princípio de razão suficiente."

maior: *Die Welt als Wille und Vorstellung*[4], e, nessa fase, uma criada com quem se relacionara apresenta-lhe como filho um natimorto. Logo após a publicação da obra, o filósofo viaja pela Itália, onde uma outra ligação amorosa traz-lhe decepções: Tereza, com quem desejava casar-se, tinha uma péssima saúde. Arthur Schopenhauer só retorna às terras alemãs com a notícia da falência da família; nega-se em colaborar com a mãe e a irmã na assinatura da concordata, fato que faz com que seja totalmente reembolsado pela genitora, revelando com isto o propósito de salvaguardar sua independência material.

Em 1820, consegue o título de *privat-docente* da Universidade de Berlim, encarregando-se do curso: "A Filosofia Inteira, ou O Ensino do Espírito Humano". Mas não logra sucesso nessa empresa, tendo apenas quatro alunos inscritos. Hegel ministrava um curso no mesmo horário, fato que intensificou a rivalidade entre ambos, e que talvez tenha levado Schopenhauer a proferir a sentença: "Quereis matar um homem de gênio? Fazei-o professor universitário". Schopenhauer isola-se, agride verbalmente os pontífices da universidade e inicia uma crítica ostensiva a Hegel, Fichte e Schelling, ridicularizando-os inclusive nos textos enviados à Sociedade Real Dinamarquesa, com o fito de participar de um concurso que tem como título: *Über die Grundlage der Moral*[5]. Apesar de Schopenhauer ter sido o único participante, a Sociedade Real Dinamarquesa puniu-o, não lhe conferindo o prêmio, alegando, dentre outras desculpas, ter fugido ao tema proposto, o que aumentou sobremaneira sua revolta e a antipatia por Hegel.

Uma outra decepção amorosa ao lado da cantora Caroline Richter: bastante doente, a cantora não conseguiu levar

---

4. "O Mundo como Vontade e Representação."

5. "Sobre o fundamento da Moral."

a termo a gravidez; Schopenhauer descartou definitivamente todo e qualquer projeto de casamento.

Em 1821, na pensão onde residia, aborrecido com o fato de ser espionado por uma das locatárias, atirou-a escada abaixo, o que lhe custou o pagamento de uma pensão durante vinte e um anos, a título de indenização, excluídas as despesas médicas.

Com a epidemia de cólera, em 1831, que se alastrava por Berlim, epidemia que vitimou Hegel, Schopenhauer foge para Frankfurt, terra de Goethe, onde passa seus dias quase que em total isolamento, dedicando-se ao estudo e meditação. Começam a surgir os primeiros discípulos, tendo na vanguarda o entusiasta Frauenstädt, uns poucos comentadores e também críticos. De sua misantropia nasce "Parerga e Paralipômena" (1851), um conjunto de aforismas que por fim trazem a Schopenhauer o reconhecimento não só de sua pátria, mas também da Europa culta.

Acreditamos ser aqui pertinente um breve comentário de Nietzsche, encontrado em sua obra *Zur Genealogie der Moral*[6], acerca de Schopenhauer.

> Sobretudo não subestimemos o fato de que Schopenhauer, que tratava realmente como inimigo pessoal à sexualidade (incluindo seu instrumento, a mulher, este *instrumentum diaboli* [instrumento do diabo]), necessitava de inimigos para ficar de bom humor; o fato de que amava as palavras furiosas, biliosas e de cor escura; de que se enraivecia por enraivecer, por paixão; de que teria ficado doente, teria se tornado um *pessimista* (o que não era, por mais que o desejasse) sem os seus inimigos, sem Hegel, sem a mulher, a sensualidade e toda vontade de existência, de permanência. De outro modo

---

6. "Genealogia da Moral."

> ele não teria permanecido, pode-se apostar, ele teria
> escapado: mas os seus inimigos o retiveram, seus
> inimigos sempre o seduziram à existência, sua cóle-
> ra era como para os cínicos da Antiguidade seu bál-
> samo, seu descanso, sua compensação, seu remédio
> contra o nojo, sua *felicidade* (NIETZSCHE, 1998,
> p. 96).

Certamente, se não fossem essas condições adversas citadas por Nietzsche, Schopenhauer não teria sido Schopenhauer.

Arthur Schopenhauer, em sua mordacidade, sua férrea crítica, sua devoção a Goethe e a Kant, foi um dos poucos filósofos a atrair a atenção de Wittgenstein; fez com que Freud reconhecesse com justiça, no prefácio à quarta edição dos *Três ensaios de teoria sexual* as raízes de sua psicanálise, "na qual o conceito de sublimação, o desvio da sexualidade de seu fim privilegiado e a genitalidade, foram antevistos" (BARBOZA, in SCHOPENHAUER, 2000, p. XIII). As palavras de Freud:

> Pois o filósofo Arthur Schopenhauer já mostrou
> há muito tempo aos homens em que medida o seu
> agir e ambicionar são determinados por esforços
> sexuais – no sentido comum da palavra –, *e um*
> *mundo de leitores devia decerto ter sido inca-*
> *paz* [grifo nosso], para assim perder de vista tão
> completamente uma tão envolvente advertência!
> (FREUD, apud BARBOZA, 1968, p. 32).

Essa faceta trágica da existência, tão evidente em Schopenhauer, exerceu influência marcante em vários expoentes da literatura. É de Baraquin e Laffitte (2007, p. 274) o comentário a seguir:

> Como a literatura se prende essencialmente a uma
> representação do trágico da existência, não é de
> espantar que Schopenhauer tenha exercido uma

influência considerável sobre os maiores escritores dos tempos modernos, como Tolstoi, Kafka, Maupassant, Proust, Céline, T. Mann, Beckett.

O Cavaleiro Solitário, como Nietzsche o chamava, na manhã de 21 de setembro de 1860, é encontrado por sua criada de quarto reclinado no sofá, vitimado pela pneumonia. Schopenhauer despertara, enfim, do breve sonho da vida.

Esquema 1 – Obras de Schopenhauer

- 1813 – Sobre a Quádrupla Raiz do Princípio de Razão Suficiente

(tese de doutoramento)

- 1816 – Sobre a Visão e as Cores

(sugerido por Goethe)

- 1818 – O Mundo como Vontade e Representação

(obra fundamental)

- 1836 – Sobre a Vontade da Natureza

- 1839 – Sobre a Liberdade da Vontade

(premiado pela Sociedade Real Norueguesa de Ciências)

- 1840 – Acerca do fundamento da Moral

(trabalho rejeitado pela Academia Dinamarquesa de Ciências)

- 1841 – Os dois problemas fundamentais da ética:

Sobre o livre-arbítrio

O fundamento da moral

- 1851 – Parerga e Paralipômena

Edições parciais de Parerga e Paralipômena

Segunda lição

O mundo

"O mundo é minha representação". Com essa sentença Schopenhauer dá início a sua obra maior, e nela encontramos toda a arquitetônica de seu pensamento. Ao declarar o "mundo como minha representação", estabelece uma verdade que se aplica a todo ser vivente, muito embora apenas ao ser humano está reservada, através da consciência, a prerrogativa de alcançá-la. Todavia, essa tomada de consciência diz respeito ao filósofo. Ele é capaz de certificar-se de que nada conhece; os sentidos simplesmente trazem notícias do que lhes é exterior; o mundo circunstante só existe enquanto representação. " [...] a matéria não tem existência independente da percepção mental, e a existência e a perceptibilidade são termos conversíveis entre si" (REALE; ANTISSERI, 2005, p. 210). Enfim, o que existe é o que eu percebo. Daí advém a certeza, mas a certeza de nosso conhecimento está encerrada em nossa consciência. A representação é fruto de uma síntese entre o mundo real exterior e a consciência do sujeito que o percebe. A existência desse mundo depende da consciência do sujeito. Não há como separar o objeto e o sujeito. Sem o sujeito percipiente, o mundo desaparecerá. Acerca desta interdependência, Schopenhauer cita o místico Ângelus Silesius: "Sei que, sem mim, Deus não pode viver um só instante. Se eu morrer, ele tem que entregar o espírito". Tudo o que existe, portanto, existe em função do sujeito.

Podemos então entender Schopenhauer como um continuador de Platão e Kant. Para Platão, as coisas percebidas pelos nossos sentidos carecem de uma essência verdadeira; Kant afirma que só podemos conhecer fenômenos, nada mais. Enfim, a experiência que temos do mundo é aparência.

Por ilação, percebemos que o pensamento schopenhauriano opõe-se francamente ao materialismo. Ora, o materialismo nega o sujeito, ou melhor, atribui, reveste de materialidade o sujeito. Não obstante, poderíamos dizer ser Schopenhauer um idealista? Quanto ao idealismo, podemos dizer que nega a existência dos objetos ou torna-os sujeitos. Ora, não podemos negar a existência de um mundo exterior a nós com suas dimensões e seus movimentos. "O mundo é minha representação", é construção minha e por ela sou responsável, mas tem origem numa realidade objetiva; é algo que me afeta os sentidos, penetra o cérebro e passa a ter uma "segunda existência", isto é, uma representação. O que Schopenhauer nega é o realismo. Para o filósofo de Dantzig, a realidade externa se reproduz naquilo que está em nossa mente. O mundo como representação é uma construção condicionada pelas formas *a priori* da consciência, isto é: tempo, espaço e causalidade.

O mundo, portanto, compor-se-á de duas metades inseparáveis: o objeto que passa pela apreciação das formas *a priori* da consciência – tempo, espaço e causalidade – e o sujeito que está situado fora dessa relação.

Mas o sujeito jamais poderá ser conhecido, pois em sendo conhecido poderia tornar-se objeto[7]; nesse caso suporíamos um sujeito para tal objeto, e assim numa regressão *ad infinitum*. Desta forma, Schopenhauer retira a capacidade de abstrair do sujeito; as representações só nos são fornecidas pelas sínteses dadas no conhecimento. O tempo possibilita a sucessão dos fenômenos, o espaço permite observarmos as

---

7. Vale recordar que Schopenhauer opunha-se frontalmente ao materialismo.

dimensões dos objetos. Se só houvesse o tempo, tudo seria fugidio e não poderia ser apreendido; se só houvesse espaço, os objetos permaneceriam fixos. Para Schopenhauer, a causalidade é a única categoria *a priori* do entendimento; ele reduz todas as categorias, aristotélicas e/ou kantianas, à causalidade. Todo objeto, todo fenômeno pressupõe uma causa, e a isto ele chama de Razão Suficiente.

No entanto o mundo não é apenas representação; se assim o fosse seria uma fantasmagoria, um sonho. O mundo possui também uma essência: a Vontade.

Terceira lição

A Vontade

Ducunt volentem fata, nolentem trahunt[8].

Sêneca

Schopenhauer identifica a Vontade com a "coisa-em-si" kantiana, enquanto essência de tudo que nos cerca, até mesmo como nossa essência. Este é o caráter de ubiquidade da Vontade. Em tudo está presente: na Lei de Gravitação Universal, nos fenômenos da natureza, na origem das descargas elétricas, na fonte do magnetismo, na atração e repulsão dos corpos, nos fenômenos químicos, na "mágica" que faz com que alguns vegetais se voltem à procura da luz do sol, na fotossíntese, nas larvas dos escaravelhos que escavam troncos para se metamorfosearem. Que mais seria responsável pelo fato destas larvas escavarem buracos bem maiores do que outras, revelando uma estranha sabedoria ainda em estado larvar, pois que o macho necessita de mais espaço para movimentar suas antenas? É a Vontade ainda quem faz com que as aves migrem, acasalem e retornem a seu *habitat* natural. Arriscamo-nos a entender a libido como mais uma das determinações da Vontade, essa energia fundamental, essa força impulsiva, identificada por Sigmund Freud. A Vontade, portanto, embora una, determina-se nessa

---

8. Epístola 107,11 – "Àquele que quer, o destino o conduz; àquele que não quer, o destino o arrasta."

multiplicidade de fenômenos que admiramos e buscamos explicações racionais.

Nos irracionais, a objetivação da Vontade revela-se no nível do instinto. Os animais nascem, crescem, caçam, procriam, e morrem; vivem o momento presente, e a morte lhes chega de modo natural. Nos momentos de perigo, a ideia da morte lhes chega intuitivamente. No homem, com a capacidade de abstração e da memória, há uma assimilação de conhecimentos passados, uma expectativa de futuro, ele tem consciência da morte que lhe há de chegar implacável. A Vontade, que não se pauta em arrazoados, desperta no homem o querer, o sentimento de posse, o dominar, o afirmar-se. Fundado no egoísmo, com a inteligência à mercê da Vontade, o homem pratica toda sorte de ações que chamamos condenáveis; são os crimes, o barbarismo, a crueldade, o flagelo da guerra.

Ainda como meio de afirmar-se, a Vontade se revela como desejo sexual. A genitália, o órgão corpóreo mais exterior, facilmente excitável, está submetida apenas à Vontade. A Vontade, representada pelo sexo, opõe-se diretamente ao intelecto. A sexualidade, assim como a Vontade, jamais estará subjugada à razão. A Vontade é a vida – "vontade de viver seria um pleonasmo" (SCHOPENHAUER, s.d., c, p. 362) – em todas as suas dimensões, é a natureza que quer se perpetuar. "A natureza é pródiga para com a espécie e terrivelmente mesquinha para com o indivíduo"[9] (SCHOPENHAUER, 2000, p. 98). O indivíduo entregue à natureza, à sua essência, ciente da morte inexorável, busca nos prazeres o arrefecimento, o consolo para seu fim. Arraigado ao seu individualismo, ele não percebe que o nascer e o morrer

---

9. Nessa declaração, Schopenhauer, assim nos parece, baseou-se na "Filosofia da Natureza" de Schelling: "A natureza não se interessa pelo indivíduo – seu desprezo é a morte –, mas pela espécie".

pertencem igualmente à vida; são mútuas condições: a geração complementa a morte e vice-versa[10]. O indivíduo busca em primeiro lugar sua própria conservação, e quando pensa ter conseguido seu intento, procria para dar prosseguimento à espécie. O homem, em verdade, vê no sexo uma das principais fontes de satisfação de seus desejos, no entanto, ele apenas cumpre uma determinação da natureza. A Vontade é voraz, é a insatisfação; um desejo satisfeito requer a expectativa de um outro desejo. Ao desejo satisfeito chamamos prazer, conforme a Vontade; ao anelo irrealizado chamamos sofrimento, uma agressão à Vontade.

Diante da patente expressão da Vontade em suas múltiplas representações – esse afirmar-se constante que vem suscitar uma miríade de desejos eternamente insatisfeitos, e que cumula nossa existência de sofrimentos – podemos nos certificar que a essência da vida é a perpetuidade de sofrimentos. E não poderia ser de outra maneira. Tentemos imaginar um mundo em que todos os desejos fossem satisfeitos de imediato, sem luta, sem exasperações, sem expectativas, sem sofrimento; em suma, que se deleitar fosse uma constante. De que maneira agiriam os homens? É fácil prever. Seriam presas do tédio, indivíduos embrutecidos, sem temor, sem mácula, pautados na ousadia e indiferença. A Vontade, muito embora irracional, mostra-se "conveniente" em todas as suas representações.

Vale frisar que Schopenhauer definia o tédio como uma desocupação da Vontade, posto que, neste caso, a vontade perderia seu objeto.

> O tédio é definido por Schopenhauer como "vontade desocupada", isto é, o estado do homem cuja

---

10. Citamos como exemplo o salmão, que abandona as águas do mar, sobe os rios gelados, galga corredeiras com o objetivo de procriar, de perpetuar a espécie. Feito isso, a morte lhe vem quase que instantaneamente.

vontade não tem objeto para o qual tender, não tem motivo de desejar, e que sente então "o vazio pavoroso" e "o peso intolerável" de sua existência. "A vida, portanto, oscila como um pêndulo de um lado para o outro, do sofrimento ao tédio" (BARAQUIN; LAFFITTE, 2007, p. 278).

Bem, identificamos a Vontade em algumas de suas múltiplas representações, detectamos seu caráter, percebemos seus objetivos e inclinações, contudo, como podemos defini-la? Talvez esta dificuldade em fazê-lo tenha levado alguns a externar comentários incipientes: "Uma Vontade que não quer nada; incapaz de querer" (ROSSET, apud SANTA MARIA, in SCHOPENAHUER 1993, p. XXXII). Ou então: "Não é criadora esta Vontade, porque tudo que ela produz é aparência, e o que resolve, miragem; mas, conquanto nada seja por ela criado, existe [...]" (KEYSERLING, apud BERTAGNOLI, in SCHOPENHAUER, s.d., a, p. 17). Recorremos mais uma vez ao próprio Schopenhauer para dirimir nossa dúvida:

> A vontade, esta não é, ela mesma, nem fenômeno, nem representação, nem objeto, ela é a coisa-em-si, e, por conseguinte, escapa ao princípio de razão suficiente, essa lei formal de tudo que é objeto; para ela não existe princípio donde ela possa deduzir-se e que a determine; para ela não existe necessidade: ela é livre. Tal é a noção de liberdade, noção essencialmente negativa, reduzida que é a ser a negação da necessidade, a negação da ligação de consequência a princípio, tal como o princípio de razão suficiente impõe (SCHOPENHAUER, s.d., c, p. 378). [...] chamar à Vontade livre, para em seguida lhe impor leis, leis segundo as quais tem que querer; Tem que querer! (p. 359).

Essa Vontade identificada como a coisa-em-si, segundo as considerações de Schopenhauer supracitadas, permite-nos entendê-la como "Nada".

Quarta Lição

A Teoria do Conhecimento

Como vimos acima, a Vontade, embora una, manifesta-se em uma multiplicidade de fenômenos, os quais admiramos e buscamos explicações racionais.

A multiplicidade de representações sempre estará submetida ao princípio de razão suficiente, princípio este que, segundo Schopenhauer (1980, p. 41), tem como objetivo "unir os membros de um sistema, isto é, a expressão geral de vários conhecimentos dados *a priori*". Esse princípio possui uma única quádrupla raiz, não quatro raízes distintas. Essa única quádrupla raiz fornece as condições necessárias para que as representações sejam percebidas. Eis a composição da quádrupla raiz: o princípio do devir, o princípio do conhecer, o princípio do ser e o sujeito da vontade.

O princípio do devir refere-se à vinculação de um objeto a outro, sua relação de começo e fim, seus estados e direção no curso do tempo;

O princípio do conhecer refere-se aos juízos, isto é, a faculdade de unir ou separar conceitos abstraídos que exprimem cognição. Em relação ao princípio do conhecer, entendemos pertinente esclarecer que Schopenhauer identifica a existência de quatro tipos de verdades: a verdade empírica, a verdade lógica, a verdade transcendental e a verdade metalógica. A verdade empírica parte das representações intuitivas e fornece razões para criar um juízo que detém a posse de uma verdade material; a verdade lógica refere-se a juízos que se baseiam em outros juízos que, por sua vez, apoiam-se no juízo detentor de uma verdade material, algo como um silogismo; a verdade transcendental baseia-se nos juízos sintéticos *a priori*, pois não extrai recursos só da experiência, mas também das condições de possibilidade; a verdade metalógica seria a condição final do pensamento, pois se situa inteiramente na razão.

ESQUEMA 2 – A quádrupla raiz do princípio de razão suficiente

O princípio do devir	
O princípio do conhecer	
O princípio do ser	
O sujeito da vontade	

O Princípio do Devir → vincula objetos; suas relações, estados, direções do curso do tempo. — A razão suficiente

O Princípio do Conhecer → faculdade de unir ou separar conceitos.
O Princípio do Ser → exprime a relação espaço/tempo.
O Sujeito da Vontade → percebe-se como indivíduo mediante sua corporeidade.

Verdade empírica
Verdade lógica
Verdade transcendental
Verdade metalógica

Verdade empírica → parte das representações intuitivas para criar juízos que detêm uma verdade material.

Verdade lógica → juízos que têm por base outros juízos que, por sua vez, apoiam-se num juízo detentor de uma verdade material. Um tipo de silogismo, no qual a verdade material seria uma "premissa maior".

Verdade transcendental → funda-se em juízos sintéticos "*a priori*"[11]; não se baseiam apenas nas aparências, mas trabalham com condições de possibilidade.

Verdade metalógica → condição final do pensamento; situada inteiramente na razão.

Ao princípio do ser implica diretamente a relação espaço/temporal, sem a qual os objetos não poderiam ser apreendidos.

E, por fim, o sujeito da Vontade, que se percebe como indivíduo mediante sua corporeidade.

Cientes da importância do princípio de razão suficiente, podemos entender como as representações são elaboradas: o objeto é apreendido através da sensibilidade do sujeito, torna-se uma percepção intuitiva que forma uma primeira representação. No conhecimento estão presentes as relações de tempo, espaço e causalidade; origina-se uma

---

11. Tal como no pensamento kantiano, um juízo sintético *a priori* é aquele que parte de um conhecimento sensível e, por inferência, recebe um acréscimo da razão.

outra representação que culmina num conceito. Percebe-se que a representação tem origem no sensível e chega ao inteligível[12], fato que requer um órgão apropriado para o exercício da abstração, ou seja, o cérebro.

No que tange especificamente à representação, uma dúvida se faz presente: o mundo todo é representação; o corpo, portanto, também o é, inclusive o cérebro que faz parte desse corpo. Bem, para o conhecimento representativo, fazemos uso do cérebro. Então o cérebro seria uma representação que apreende outras representações. Esse paradoxo ficou conhecido como Paradoxo de Zeller. Ele mostra a circularidade da questão. Diz Zeller:

> O intelecto é, na verdade, simplesmente uma função do cérebro. Lembremo-nos aqui do que o filósofo ensinou na primeira parte de seu sistema e então chegaremos a um resultado muito surpreendente. Lá, ele nos exorta, com uma insistência nunca suficiente, a não ver em todo o mundo objetivo e, antes de tudo, na matéria, nada a não ser nossa representação. Agora ele nos adverte, não menos insistentemente, a não tomar nossa representação a não ser por um produto do cérebro. A partir daí nada mudou, já que esse mesmo cérebro deve ser, daqui por diante, uma forma determinada de objetivação da Vontade, pois se a Vontade não tivesse produzido tal órgão, não poderiam surgir quaisquer representações. Nosso cérebro é, porém, essa matéria determinada, portanto, de acordo com Schopenhauer, essa representação determinada. Encontramo-nos assim encerrados no seguinte círculo: a representação tem que ser um produto do cérebro e o cérebro, um produto da representação – uma contradição, para cuja

---

12. Percebe-se que em Kant tudo parte da abstração para explicar o fenômeno.

solução o filósofo em nada contribuiu (ZELLER, apud CACCIOLA, 1994, p. 77).

Mas o próprio Schopenhauer percebera essa contradição e a menciona em *O mundo como vontade e representação*. Ele a chama de antinomia da faculdade de conhecer, verificada ainda por ocasião da sua crítica ao materialismo. "Não há absolutamente nenhum objeto sem sujeito: tal é o princípio que condena para todo o sempre o materialismo" (SCHOPENHAUER, s.d., c, p. 44). O filósofo fala da causalidade como princípio regulador para os estudos da natureza. É o pressupor um estado menos perfeito da matéria como fundamento a um estado mais perfeito da mesma; uma série de modificações até que ela pudesse ser conhecida. Em suma, trata-se de um estudo concernente à Etiologia[13]. Evidentemente, para suporte dessas modificações, faz-se mister um sujeito para pensá-las. Se a existência do mundo pressupõe um ser que o conheça, este, por sua vez, pressuporá causas prévias e seriadas. Schopenhauer usa como recurso uma outra antinomia: a antinomia da ciência da natureza, isto é, para se chegar a um estágio atual da matéria, um estado primordial fora proposto. Se pressupuser um estado primordial para a matéria, como explicar suas modificações, sem que nada venha agir sobre ela? Para Schopenhauer, a antinomia da ciência da natureza não fica resolvida, mas a solução para resolver a antinomia da faculdade de conhecer está em Kant, isto é, a distinção entre fenômeno e coisa-em-si. Schopenhauer, desse modo, estabelece uma "ontologia negativa", ou seja, a Vontade, a coisa-em-si, totalmente sem fundamento – *grundlos* – vem trazer complemento necessário à Etiologia.

Ainda na sua relação sujeito/objeto, Schopenhauer condena a filosofia empirista, realista e materialista. Marie-José Pernin nos esclarece essa postura.

---

13. Pesquisa ou determinação das causas de um fenômeno.

O objeto não é nem anterior nem posterior, nem mesmo simultâneo em relação ao sujeito (sua co-presença ao sujeito é intemporal). O objeto não é nem interior nem exterior ao sujeito. Também não está situado diante dele, e o "Vor" da "Vorstellung" (Representação) significa a exterioridade e a frontalidade de um cenário de teatro. A representação produz o seu próprio tempo e o seu lugar, o tempo e o lugar do espetáculo. Mas, principalmente, o objeto não é causa do sujeito nem princípio lógico do qual este poderia ser deduzido. As mesmas exclusões valem para o sujeito (PERNIN, 1995, p. 38).

A partir dessa relação, o corpo assumirá seu papel de protagonista, pois é nele que poderão ser encontradas as condições viáveis a tal relação. Nosso corpo, representação imediata da Vontade, aquilo que primeiro percebemos, e somente através dele é-nos possível perceber todas as demais representações; mediatas, portanto. Cada corpo é invadido pela mesma Vontade, mas cada um a revela de modo particular, visto que a própria conformação corpórea, o caráter e, evidentemente, o modo como cada qual assimila essa investidura da Vontade, são fatores da individuação. Essa individuação só é possível na presença da relação tempo/espaço; fora dessa relação seria impossível perceber a Vontade enquanto representação corpórea. É o *principium individuationis* que se estabelece na presença da Vontade.

Se para perceber as demais representações que nos cercam é necessário o corpo, o eu, o elemento que através das percepções sensíveis me coloca diante de toda esta realidade, é naturalmente explicável que a valorização do próprio corpo seja algo como necessário. É nesse princípio de individuação que aflora o egoísmo – o pecado original – fonte de todas as anomalias morais com que nos deparamos. A vontade individual espelha a Vontade como essência, ou seja, seu grau de irracionalidade que não está ligada de modo nenhum ao intelecto. O que a Vontade procura é o afirmar-se. E a Vontade – essência – afirma-se através da vontade – *principium individuationis*. A Vontade possui aseidade, ou seja, a causa e o princípio estão em si mesma.

ESQUEMA 4 – TEORIA DO CONHECIMENTO

> Objeto
>
> > Sensibilidade do Sujeito
>
> Percepção Intuitiva (uma forma de conhecimento)
>
> 1ª representação
>
> > Entendimento
> > Relações espaço / tempo – causalidade
>
> 2ª representação → **<u>Conceito</u>**
>
> Atenção: Os conceitos seriam, portanto, representações de representações.

ESQUEMA 5 – *PRINCIPIUM INDIVIDUATIONIS*

> Objetos → Representações **mediatas** da Vontade.
>
> Corpo → Representação **Imediata** da Vontade
>
> A Vontade atua sobre o corpo
>
> > Corpo
> > Conformação; caráter; modo particular de assimilar a investida da Vontade.
>
> *Principium Individuationis* (o indivíduo)
>
> <u>Sujeito do Conhecimento</u> → Fora da relação espaço / tempo; não sofre objetivação da Vontade.
>
> <u>Sujeito ligado ao corpo</u> → *Principium individuationis* (indivíduo); sujeito à relação espaço / tempo; sofre objetivação da Vontade.

Quinta lição

A supressão da Vontade

Diferentemente de Schopenhauer, a vontade humana, para Kant, depende da moral, ou seja: uma dependência da obrigação de natureza intelectual; uma coação para a ação – aqui a diferenciação entre vontade e arbítrio – que se chama dever. Deste modo, Kant pode afirmar que a vontade é livre e cria uma obrigação para com a lei moral, enquanto afirma que o arbítrio está afetado por impulsos sensíveis. Assim, Kant afirma a autonomia da vontade, isto é, ela seria o princípio de todas as leis morais. Essa autonomia da vontade pode levá-la a sua substancialização – o ser primordial de Schelling. Mas em *O mundo como vontade e representação*, Schopenhauer opõe a Vontade à Representação, fazendo da Vontade uma força incognoscível. Essa força é também fenômeno ou aparência – objetivação da Vontade – e fonte, assim, de sofrimentos. Precisamos, segundo Schopenhauer, torná-la de nossa "conveniência", já que a razão distanciar-nos-á dos sofrimentos por ela perpetrados. Mas como? Suprimindo-a!

Diante do fato de que a Vontade enquanto representação traz sofrimento ao indivíduo e faz do mundo um vale de lágrimas, podemos inferir que a Vontade opõe-se a si mesma; são as representações do mundo a ferir o indivíduo também como representação. É seu caráter de irracionalidade. Cientes de que a dor e o sofrimento são a essência da vida – representações da Vontade que assim se determina, mas que não está afeita ao intelecto – resta-nos o recurso, declara Schopenhauer, de fazer uso do intelecto, da prerrogativa da razão, para nos impor diante da Vontade com o intuito de suprimi-la, sufocá-la, amainá-la. É a necessidade que se nos impõe.

Fazemo-nos a mesma pergunta que seu discípulo Frauenstädt, quando questionara a negação da Vontade, já que ela seria a coisa-em-si. Ao que Schopenhauer (s.d., c, p. 366) responde: "a Vontade não teria qualquer semelhança com o Absoluto; ela seria a coisa-em-si somente em relação à representação". Schopenhauer, portanto, opõe ao mundo da representação a Vontade.

Primeira condição para que isso se torne possível é sairmos da condição de indivíduo e adentrarmos a esfera do sujeito que conhece. Entendemos dever ressaltar que Schopenhauer estabelece uma diferença entre o sujeito que conhece e o indivíduo. O objeto para ser percebido necessita do tempo e do espaço e causalidade, já o sujeito não requer nenhuma dessas expressões da razão suficiente. O sujeito é a condição do conhecimento; "é o correlativo necessário do objeto" (SCHOPENHAUER, s.d., c, p. 368). O sujeito ligado ao corpo, enquanto corporeidade, torna-se indivíduo. Este indivíduo, preso que está a sua representação corpórea, tem seu corpo como centro de suas preocupações, pois o corpo é a objetivação da Vontade; Vontade esta tornada objeto da representação. "Enquanto estiver ligado ao seu corpo, esse sujeito é indivíduo" (PERNIN, 1995, p. 72). Já o puro sujeito do conhecer – sujeito desvinculado do corpo e livre das representações corpóreas – contempla as ideias, a objetivação plena da Vontade – ele é o puro olho do mundo. O puro sujeito do conhecer, portanto, sai da esfera do mundo e suas representações para postar-se acima deste como mero observador; é o abandonar sua mera existência imersa no sofrimento e aproximar-se da idealidade; é a liberdade que se dá na Ideia de Arte.

Poder-se-ia especular acerca do "paraíso" artificial das drogas como recurso para negar a Vontade. Ora, a princípio, negar a Vontade é evitar suas determinações no mundo real. Não obstante, uma análise acurada faz-se mister para que não venhamos cometer o equívoco de viver uma nova ilusão.

Com o recurso das drogas, em verdade, não nos afastamos da realidade, mas criamos uma metarrealidade, e essa metarrealidade não é criação do sujeito puro do conhecer – aquele capaz de aniquilar a Vontade e que não é por ela determinado – mas sim do indivíduo. O *principium individuationis*, em sua corporeidade, sofre o assédio da Vontade, vê o mundo – a realidade – como sofrimento e dor. E ao se propor a criar uma "outra" realidade, diferente daquela que o constrange, ele apenas a cria a partir do ponto de vista estritamente subjetivo. Na subjetividade, com a presença do indivíduo, não há como escapar às determinações da Vontade. Na verdade, na criação de uma metarrealidade, ainda nos situamos como reféns das determinações da Vontade. Seria sonhar que se está sonhando. Mas chega a hora de despertar, então a Vontade reinicia sua carga de constrangimento. Criar uma metarrealidade seria, portanto, viver uma ilusão para mascarar outra ilusão.

SEXTA LIÇÃO

A estética

A Ideia, nada mais do que uma objectidade adequada da Vontade, está longe das representações mundanas; seria o grau mais elevado de objetivação na escala das representações e anterior a qualquer multiplicidade. O termo objectidade, empregado por Schopenhauer, vem fazer a distinção com o termo objetivação. A objectidade diz aquilo que se revela como imagem, e não uma simples objetivação, ou seja, algo que se tornou objeto. A objectidade não se manifesta como objeto.

A arte, em todas as suas modalidades, deveria ter como objetivo revelar aos homens aquilo que lhes foge à percepção. O artista, seja ele escultor, escritor, poeta, músico, deve procurar retratar a Ideia, o transcendental, o inatingível, a perfeição. De fato, todos os artistas imprimem em suas obras um cunho pessoal, o que permite até mesmo identificá-la, mas a arte deve procurar expressar o universal, a Ideia, nunca o particular. No entender de Schopenhauer, o particular não deve servir de molde à contemplação, posto que o particular diz respeito a um número reduzido de indivíduos, e a individualidade pressupõe uma representação da Vontade. A arte, portanto, é o esforço de reproduzir o universal, o ideal, que certamente servirá de molde ao observador.

No que tange à escultura, a figura humana deverá expressar a perfeição, a saúde, o vigor; na pintura, a natureza em toda sua exuberância; na poesia, as paixões e dificuldades que permeiam a existência humana, mas que trazem resposta às inquietações. Na música[14], finalmente, Schopenhauer vê a expressão maior da Ideia que então pode ser apreendida, percebida. Como linguagem universal, a música deve conseguir exprimir a própria essência, isto é, a Vontade. Ao ter expressado a sua essência, a Vontade não mais se manifesta como objetivação. Enfim apreendida, a Vontade revela sua quieteza. Este seria um modo eficaz para que dela nos resguardemos.

Assim, é na música, mais do que nas demais artes, que Schopenhauer identifica o bálsamo para mitigar os sofrimentos que castigam a existência. Sim, porque as obras de arte, quando conseguem expressar a objectidade da Vontade, ou seja, sua expressão maior, conseguem enlevar o ser humano, arrancá-lo de seu encarceramento do mundo como representação – essa fonte de angústias e decepções – e lançá-lo numa dimensão puramente estética.

Poucos são os artistas que conseguem tal empresa. Aos demais homens fica reservado o papel de meros observadores, pois a contemplação permite conhecer a Vontade e, portanto, não mais ser aguilhoado por suas representações. Mas são momentos, algo efêmero, instantes de êxtase e nada mais. Nesse momento, deixamos a condição de indivíduo e passamos à condição de "sujeito puro do conhecer". Aqui nos furtamos por instantes do querer, do desejo, das preocupações; já não somos nós mesmos; livramo-nos, enfim, da Vontade. Esta jaz quieta, calada, submissa. O gênio seria aquele que consegue, enfim, apreender a Ideia, plasmá-la e

---

14. A música, para Schopenhauer, apesar de ser uma arte representativa como as demais, não é a cópia de um modelo que possa ser representado diretamente; ela é a cópia da Vontade não objetivada na manifestação plural das ideias; de certo modo, torna-se rival da Vontade que representa e só pode ser percebida no tempo. A música fala diretamente a todos; é a vitória do sentimento sobre o conhecimento.

transmiti-la aos semelhantes. Muito embora essa apreensão da Ideia aconteça de modo particular, o mérito da obra e do gênio está em tentar universalizá-la.

Bem, mas se nos reconhecemos fora dessa habilidade artística, a razão vem em nosso socorro, desde que a evoquemos como sustentáculo para nosso objetivo, isto é, a supressão da fonte de toda inquietação. Se conseguirmos entender que a Vontade incita o querer, o querer é o desejar, o desejar é a condição prévia do prazer, e que este, quando satisfeito, há de cessar, fica óbvio que desejo não satisfeito implica diretamente sofrer. Jiddu Krishnamurti (1973), místico contemporâneo hindu, identifica o desejo como fonte de todo o sofrimento, pois este cria expectativas. Propõe-nos ele uma eliminação do desejo através do não desejar. Mas fica difícil entender como suprimir o desejo, pois o não desejar implica igualmente um outro desejo, que, não satisfeito, traduzir-se-á em sofrer. O desejo não seria ainda a causa primeira do sofrer, portanto, a Vontade, que incita aos desejos, é que tem de ser suprimida.

SÉTIMA LIÇÃO

A vida como sofrimento e dor

Diferentemente da exaltação dionisíaca da vida, esta é para Schopenhauer sinônimo de dor; esta é resultado da luta por viver. A Vontade está condenada à dor dada à sua origem, isto é, necessidade, sede inextinguível. Portanto, a essência da vida é dor.

Daí que a vida, como Vontade, é um contínuo aspirar inextinguível. Mas o princípio de todo querer é uma necessidade, uma ausência, uma dor. "Eis por que o homem, a mais perfeita das formas objetivas da Vontade, [...] de todos os seres, é o mais assediado por necessidades [...] necessidades aos milhares" (SCHOPENHAUER, s.d., c, p. 412). "Para a maioria dos homens, a vida não é outra coisa senão um combate perpétuo pela própria existência, que ao final será derrotada" (p. 413). "O desejo, pela sua natureza, é sofrimento" (p. 414).

Aqueles que conseguem afugentar a dor estão apenas mudando-a de face, pois na sua origem está a preocupação com a conservação da vida. Mesmo evitando desse modo a dor, ela se disfarça sob outros aspectos, tais como: amor, ciúmes, inveja, ódio, etc. Mas não havendo outro disfarce para se introduzir na vida com sucesso, ela se reveste de fastio e de aborrecimento. Schopenhauer, seguindo os passos de Lucrécio, entende a felicidade como negativa, portanto, não duradoura. A satisfação poderia até ser o alívio de uma dor, entretanto, o que se ganha com isso? "Nada, seguramente, além de ser aliviado de qualquer sofrimento, de qualquer desejo, de ter voltado ao estado em que nos encontrávamos antes da aparição desse desejo" (SCHOPENHAUER, s.d., c, p. 422). A satisfação e o prazer só são possíveis ao se fazer apelo às lembranças do sofrimento que eles baniram logo no princípio. A vida do indivíduo é uma tragicomédia. Pois "ela coloca-lhe todas as dores da tragédia, mas, para não nos deixar ao menos a dignidade da personagem trágica, reduz-nos, nos pormenores da vida, ao papel do bobo" (p. 426). Daí, seja qual for a sorte de cada homem, a dor será sempre uma companheira.

Não bastasse esse quadro sombrio da vida descrito por Schopenhauer, ele acrescenta o egoísmo como apetite da Vontade, como guerra eterna entre os indivíduos de todas as espécies. O egoísmo é essencial a todos os seres da natureza. Esse princípio manifesta-se na pluralidade de indivíduos, trata-se, entretanto, de "manifestação fenomênica" (p. 438). Todo indivíduo, enquanto inteligência, existe com toda a Vontade de poder; ele se vê como a condição última do mundo como representação, enfim, "um microcosmo perfeitamente equivalente ao macrocosmo" (SCHOPENHAUER, s.d., c, p. 438). Visto que

> [...] não deixa de se tomar pelo centro de tudo, fazendo mais caso da sua existência e do seu bem-estar que dos de tudo o resto, estando mesmo, [...] pronto a sacrificar a isso tudo o que não é ele, a aniquilar o mundo em proveito desse eu, dessa gota de água no oceano, para prolongar por um momento a sua própria existência (SCHOPENHAUER, s.d., c, p. 439).

É no homem que a dor e a alegria e, consequentemente, o egoísmo, elevam-se ao seu mais alto grau, à sua suprema intensidade, manifestando-se violentamente no combate dos indivíduos, no *bellum omnium contra omnes*. A expressão mais enérgica do egoísmo é a maldade que não age segundo a utilidade, mas age pura e simplesmente para a infelicidade do outro. São aqui as ações da maldade as mais refinadas do ser humano.

Cabe-nos agora perguntar pela solução desse problema trágico da vida. A vontade que persegue continuamente a felicidade encontra apenas sofrimento e dor. É essa contradição *in adjeto* que devemos esclarecer.

Onde buscar o consolo para tantas e irremediáveis dores e sofrimentos, visto que, "por natureza, a vida não admite nenhuma felicidade verdadeira [...], pois é essencialmente um sofrimento em aspectos diversos?" (p. 427). Com certeza nas superstições religiosas. Estas acarretam ainda mais preocupações ao espírito do homem, pois são fornecidas pelo mundo real. Para Schopenhauer (s.d., c, p. 426), o homem constrói para si um mundo de "mil superstições diversas, um mundo imaginário, arranja-se de modo que a este mundo lhe dê cem males e absorva toda a sua força, à menor trégua dada pela realidade, visto que ele não poderá gozar essa trégua". Ainda o homem fabrica para si "demônios, deuses, santos; depois tem que lhes oferecer sem cessar sacrifícios, orações, ornatos para os templos, votos, cumprimentos de votos, peregrinações, homenagens, adorno para suas estátuas, e o resto" (p. 426). Certamente essa não é a solução adequada para o problema.

Se as superstições religiosas não servem de solução para o problema acima mencionado, então perguntamos: poderíamos lançar mão de uma moral estoica? Schopenhauer (s.d., c, p. 420) devota muita simpatia ao estoicismo. Ao falar de uma alegria desmesurada, sendo a vida sofrimento, Schopenhauer elogia a moral estoica que, ao afastar-se da ilusão e de suas consequências, mantinha a alma liberta. Acertadamente diz Epicuro, segundo Schopenhauer, que "a morte não nos faz caso" – ο θανατος μηδεν προς ημας – e nos explica que se nós somos, a morte não é, e se a morte é, então nós não somos.

Diante dos nossos olhos, sem dúvida, os indivíduos nascem e morrem, mas o indivíduo é apenas aparência, portanto, sua vida é manifestação particular da Vontade; uma dádiva que o retira do nada retornando a este pela morte. Entretanto, devemos contemplar a existência na sua Ideia, isto é, a Vontade, a coisa-em-si, que jaz sob todos os fenômenos, o que não tem nada a ver com o nascimento e a morte. Essas realidades têm a ver com a fenomenalidade revestida pela Vontade. A essência da Vontade é produzir-se nos indivíduos submetidos à razão suficiente, que nascem e morrem, mas eles são fenômenos daquilo que em si ignora o tempo, mas que não pode de outra forma objetivar-se existencialmente.

A vontade de viver – confirmada pelos embalsamamentos e/ou rituais religiosos que envolvem a morte – individualiza-se no tempo, espaço e causalidade, donde provém a necessidade de nascer e morrer; necessidade esta que não vem atingir a vontade de viver. Neste sentido, quando o indivíduo morre, a Vontade não fica doente; é só a espécie que interessa à natureza. Deste modo, ela não hesita em fazer desaparecer o indivíduo. Todavia, se o indivíduo se convencer que, como natureza, é o aspecto objetivo da Vontade de viver, sentir-se-á consolado com sua morte e a de seus iguais.

Ela é, assim, o fim temporal de toda existência fenomênica. O que tememos na morte não é a dor, mas o desaparecimento do indivíduo. Sendo o indivíduo a própria vontade de viver, manifestada num caso particular, tudo que ele é deve resistir contra a morte. A forma fenomênica não é, portanto, a essência do nosso ser. Aquela é uma perda ilusória.

Assim, o fim último do indivíduo é sua imersão com a morte; a imersão do eu na Vontade do Todo, no Nada do nirvana búdico. "Sem a negação completa do querer, não há salvação verdadeira, libertação efetiva da vida e da dor" (SCHOPENHAUER, s.d., c, p. 526). É a ética que percorrerá esse caminho da libertação.

OITAVA LIÇÃO

A ética e o respeito à vida

O tema do quarto livro de *O mundo como vontade e representação* é uma interpretação desoladora da vida moral e de seus mais altos valores.

Já de início adverte o autor que aqui não se encontrará uma ética de prescrições, ou uma teoria de deveres. Muito menos se encontrará um princípio universal de moral. Não será falado também de "dever absoluto" (SCHOPENHAUER, s.d., c, p. 358). Schopenhauer rechaça a ética kantiana e seus princípios[15]. Sua ética se esforçará – tendo como pano de fundo os pressupostos já examinados – para encontrar os caminhos da libertação da Vontade de viver, que subjaz, desde sempre, sob a dor.

Mas como evitar a dor, esse apanágio do simples viver? De início assinalamos o repúdio de Schopenhauer ao suicídio como solução para o trágico que acomete a vida. Assim, negar o querer-viver não significaria suicidar-se, mas a expressão única da nossa liberdade, tema que trataremos mais adiante. Diferente da transformação transcendental (negação do querer-viver), o suicídio é a supressão do nosso fenômeno individual. O suicídio vem, assim, afirmar a Vontade, visto que sua negação consiste não em ter horror às mazelas da vida, mas em detestar-lhe os prazeres. Quem se suicida quer

---

15. Apêndice "Da Lei Moral e do Dever", na *Crítica da filosofia kantiana* e no ensaio *Los dos Problemas Fundamentales de la Ética*.

viver; seu descontentamento reside nas condições impostas pela vida. Matando-se, ele renuncia à vida, e não ao querer--viver. O suicida quer viver, ele queria sua Vontade, mas as conjunturas não lho permitem; sua dor é intensa. Portanto, "o suicídio nega o indivíduo, não a espécie" (SCHOPE-NHAUER, s.d., c, p. 528). A morte não é aniquilamento absoluto. O suicídio não nos propõe a alternativa de ser ou não ser; a "brevidade da vida, de quem nos lamentamos tanto, seria ainda o que a vida tem de melhor" (p. 429).

Schopenhauer propõe a supressão da Vontade que é a condição de todo sofrimento. Mas será que poderíamos entender essa supressão como uma apologia ao suicídio? Empenhar-nos-emos numa observação do assunto, para que não venhamos a incidir nos mesmos erros daqueles que divulgam Schopenhauer o disseminador de uma "ética do suicídio" (MARCONDES, 2000, p. 241). Aquele que busca no suicídio uma saída para seus sofrimentos revela ainda um egoísmo avassalador. Este, na verdade, quer por fim ao indivíduo, que não passa de mera representação; seu egoísmo o impede de atingir a condição de sujeito. Mas deixemos que o próprio Schopenhauer responda a tal acusação.

> E inversamente, aquele a quem o fardo da vida pesa, que amaria sem dúvida a vida e que nela se mantém, mas maldizendo as dores, e que está cansado de aguentar a triste sorte que lhe coube em herança, não pode esperar da morte a sua libertação, não pode libertar-se pelo suicídio: é graças a uma ilusão que o sombrio e frio Orco lhe pareça o porto, o lugar de repouso. A terra roda, passa da luz às trevas; o indivíduo morre; mas o sol brilha com esplendor ininterrupto, num eterno meio-dia. À vontade de viver está ligada a vida: e a forma da vida é o presente sem fim; no entanto os indivíduos, manifestações da Ideia, na região do tempo, aparecem e desaparecem semelhantes a sonhos instáveis. O suicídio

> aparece-nos, pois, como um ato inútil, insensato
> (SCHOPENHAUER, s.d., c, p. 370).

A renúncia a qualquer satisfação das necessidades impostas pela Vontade, desde que livre, espontânea, já se revela como uma negação, uma aniquilação dessa Vontade. É a inteligência que se impõe; uma inteligência que vai além de si mesma, que busca a essência das coisas, que não se vê como única, que não concebe oposições, que entende a dor e alegria como única realidade. Ela não mais diferencia algozes e a vítimas, em suma, ela visa à equidade, ela execra o querer, ela torna-se o veículo para a libertação da individualidade, entende as dores do mundo como suas; ela rompe o véu de Maya. Aqui identificamos a compaixão, a partilha do sofrimento, o espírito liberto do princípio de individuação. O sujeito identifica-se no outro; percebe que o verdadeiro eu não reside em uma pessoa, mas no todo vivente; ele chora as dores do mundo porque as incorpora. Isto é caridade, o "αγαπη", a piedade. "Toda caridade pura e sincera é piedade, e toda caridade que não é piedade é apenas amor próprio" (SCHOPENHAUER, s.d., c, p. 499).

Como se pode notar, Schopenhauer elogia a ética cristã. Como exemplo, citamos: "A mais vizinha de nós entre todas essas doutrinas é o cristianismo, cuja moral é animada pelo mesmo espírito, não só pelo espírito de caridade, levado a seus limites extremos, mas pelo espírito de renúncia" (SCHOPENHAUER, s.d., c, p. 513). Entretanto, opõe-se ferrenhamente aos discursos religiosos que prometem recompensas ou penas *post mortem* a seus incautos seguidores. Neste caso, a religião aliar-se-ia à política, pois faz uso de um discurso e visa a um bem-estar; moralmente as ações seriam inócuas. Por conseguinte, a virtude, a nobreza, não podem ser fundadas em abstrações, mas sim em conhecimentos intuitivos; algo imediato. Ao falar da virtude e nobreza de caráter compreendidas na ética cristã, quer Schopenhauer, na verdade, é nos propor um abandono do "eu" individual.

No momento que abandonamos o princípio de individuação, que nosso conhecimento intuitivo identifica o querer em todas as suas representações, logramos, de certo modo, um domínio sobre a Vontade, pois já a conhecemos. O véu de Maya (o mundo da aparência, o mundo da ilusão), já se levanta diante dos nossos olhos; já não distinguimos um este ou um aquele, mas sim um outro de nós; são nossas as dores de todos; sofrimento algum nos é estranho. Ao adentrarmos o mundo da não aparência, a Vontade está como que sedada; estamos possuídos pela abnegação, pela resignação e enorme paz já nos invade. Essa transformação já não traz em seu bojo a virtude, mas sim o ascetismo. Desprendemo-nos da vida e de sua torpe essência, estamos indiferentes ao querer, aos desejos, à Vontade que reclama sua satisfação sexual. O primeiro degrau está galgado para o ascetismo: a abstinência sexual. Já não nos reclama a atenção os prazeres mundanos, as preocupações do dia a dia, o cotidiano com seus entretenimentos e/ou passatempos. Já não nos fazem caso os ultrajes, as agressões[16]. Mortificamos o corpo, já que representação, para que a Vontade se veja mortificada. Os evangelhos encerram este ensinamento: "renunciar a si mesmo. Ao ato de renunciarmos a nós mesmos, voltamo-nos para o próximo. Ao renunciar à vida, tornamo-la possível de ser vivida.

Schopenhauer cita Calderón da la Barca em *La vida es sueño*[17]. O filósofo faz uso de uma metáfora para expor seu pensamento acerca da vida. Para ele, a vida é como um livro; quando em estado de vigília, fazemos uma leitura ordenada

---

16. "Visto que tu não deixaste de ser um homem que, sofrendo tudo, não teria sofrido nada; aceitaste com igual ânimo os golpes e as recompensas da sorte..." (*Hamlet*, A3, C2).

17. Pedro Calderón da La Barca, 1600/1681, um dos maiores dramaturgos espanhóis, é citado amiúde por Schopenhauer.

desse livro; já quando dormimos, ele é aberto aleatoriamente; podemos abri-lo em uma parte já lida, como podemos abri-lo em uma parte que ainda o será. Tanto quanto a obra de Calderón, Schopenhauer entende a vida como um sonho, e, já que é um sonho, podemos a ela renunciar.

Uma postura intransigente em não renunciar implica domínio da Vontade. A Vontade, de certo modo, é "educadora". Ela tortura aquele que é obstinado, aquele que vive imerso em seu orgulho, que se regozija num imensurável egoísmo; ela acicata-o, fere-o, maltrata-o, até que, vencido em todas as frentes da peleja, entrega-se à negação do querer viver. Então a Vontade vê-se aplacada, esmagada, sufocada; ele, no entanto, mostra-se calmo, sereno e distante. É o guerreiro que, após lutas inglórias, capitula, e a resignação que lhe torna imperturbável transforma-se no troféu da existência; a vitória lhe pertence. Diante de um mundo que se lhe revela caótico e estúpido, ele procura sorrir. Desse momento em diante passará a gozar da liberdade.

NONA LIÇÃO

A liberdade

A solução do problema da liberdade, proposta em *O mundo como vontade e representação*, é dualista: como fenômeno (vontade individual); como coisa-em-si, o *noumenon*. Kant já havia pensado a liberdade na essência numênica ou inteligível do homem. Portanto, "a Vontade em si mesma, ou seja, o *noumenon*, é livre, o que se segue de sua própria natureza, a forma de todo fenômeno" (SCHOPENHAUER, s.d., c, p. 378). Mas a liberdade, como fenômeno, objetivação individual, não é livre, porque é determinada, fixada imutavelmente no seu lugar na cadeia das causas e dos efeitos. Neste sentido, Schopenhauer nega a liberdade das ações humana, isto é, o *"liberum arbitrium indifferentiae"*. Ele diz que descobriu a causa da ilusão que faz acreditar na existência de uma absoluta liberdade..., em suma, de um *"liberum arbitrium indifferentiae"*; visto que o entendimento não consegue prever as determinações da Vontade. No momento de decidir, entendimento e Vontade estão incomunicáveis; as determinações necessárias da Vontade são desconhecidas do intelecto. O intelecto fica relegado a uma divisão de motivos. Quanto à escolha da decisão por si mesma, o intelecto trata-a com curiosidade, como se fosse a vontade de um estranho; quaisquer decisões seriam possíveis. Eis a ilusão da liberdade empírica do querer, mas a Vontade é impenetrável!

Mas o homem, enquanto indivíduo, fenômeno da Vontade, como pode ser livre?

Foi Kant, segundo Schopenhauer, que estabeleceu a coexistência da necessidade com a liberdade de que goza a Vontade como coisa-em-si, que se encontra fora do mundo das aparências; foi Kant quem estabeleceu a distinção entre caráter inteligível e empírico, e que, segundo Schopenhauer, deve ser conservada.

ESQUEMA 6 – COMPARATIVO ENTRE OS FUNDAMENTOS EPISTEMOLÓGICOS

Immanuel Kant
Coisa-em-si (*noumenon*) → inacessível
X
Fenômeno → representações
Arthur Schopenhauer
Vontade-em-si (*noumenon*) → passível de ser conhecida
X
vontade individual (objetivação da Vontade-em-si) representação.

O primeiro é a Vontade como coisa-em-si, que quer se manifestar no indivíduo determinado; o segundo é essa mesma manifestação que se desdobra na conduta do indivíduo, segundo a lei de espaço, tempo e causalidade. A relação dos dois caracteres assim se dá, entendendo o caráter inteligível como ato da Vontade exterior ao tempo, portanto, inalterável. Esse ato, quando se desdobra no tempo, espaço e causalidade, segundo todas as formas de razão suficiente, é denominado de caráter empírico, que se dá pela experiência em toda a conduta do indivíduo. Schopenhauer (s.d., c) exemplifica isto fazendo analogia com a árvore, que é a manifestação sempre repetida de um mesmo esforço; as ações humanas são apenas a tradução repetida de seu caráter inteligível, sendo o caráter empírico determinado pela observação do conjunto de seus atos seguidos de indução.

Até aqui não há traços da liberdade, pois é uma ilusão acreditar na existência de uma absoluta liberdade do querer; a Vontade como coisa-em-si é uma realidade totalmente independente e ativa. De volta ao nosso tema, o que produz a ilusão de uma liberdade empírica nos atos particulares é o entendimento em relação à Vontade. O entendimento conhece as determinações da Vontade *a posteriori*. No momento da escolha, a Vontade não pode ajudá-lo na decisão a tomar. "O caráter inteligível, que faz com que, sendo dados os motivos, uma só determinação seja possível" (SCHOPENHAUER, s.d., c, p. 383), ou seja, uma determinação necessária, então delibera. Aqui o intelecto se encontra isolado; o que ele conhece é o caráter empírico de ato em ato. "Um exemplo do caráter experimental provará isso; em presença de uma escolha difícil, duas vozes se elevam: a da reflexão racional e a do instinto" (p. 384). Aqui temos que considerar os prós e os contras.

> A divisão tão nítida dos motivos em dois campos é o único meio que o intelecto tem para agir sobre a decisão. Quanto à escolha em si mesma, ele (o intelecto) espera-a passivamente, com uma curiosidade não menos desperta do que se tratasse da vontade de um estranho (SCHOPENHAUER, s.d., c, p. 384).

Eis a ilusão da liberdade empírica: a Vontade para o intelecto é inacessível. O homem é sua obra antes do conhecimento; este vem depois iluminar o trabalho feito. O conhecimento conhece e depois quer o que conhece, ou então, ele quer e depois conhece o que quer. Eu sou o meu querer!

Todavia, a liberdade absoluta do querer, essa impostura da irracionalidade da Vontade, quando vivida pelo indivíduo, conduz, inexoravelmente, a deslizes, crimes, excessos, ilícitos, ilegalidades, injustiças. Vale frisar neste ponto a visão schopenhauriana de Direito. Em sua filosofia, o Direito teria um caráter negativo, pois surge como recurso para limitar a Vontade. Ora, as injustiças, excessos, ilícitos, etc., nada mais são do que consequências da atuação da Vontade sobre o indivíduo; indivíduo este que não sabe contrariar a Vontade, que cede de bom grado às suas sugestões e prazeres fúteis. O *principium individuationis*, oriundo de um corpo com suas conformações, caráter e particularidades, neste caso, mostra-se pífio, pusilânime, impudente. Outrossim, o indivíduo ainda revelará uma patente falta de sensibilidade para a contemplação estética, e a religião, por sua vez, também mostrar-se-á ineficiente. Restam, portanto, as leis e o Estado. As leis teriam a finalidade precípua de regular as relações entre indivíduos, estabelecendo limites, coibindo, proibindo e, em sendo necessário, cerceando a ilusão de uma liberdade. Enfim, o Direito para Schopenhauer seria a negação da injustiça; um instrumento retificador da ausência de caráter.

No que tange à formação do caráter, podemos inferir: o caráter inteligível se manifesta nas ações e determina a natureza do caráter empírico; o caráter empírico seria o desdobramento do caráter inteligível exterior ao tempo. A estes se acrescenta o caráter adquirido, que se forma na vida prática do mundo. É deste que se fala quando se louva alguém por ter caráter, ou quando se censura por não o ter. Aqui existe o conhecimento da nossa individualidade; noção abstrata e clara das qualidades imutáveis de nosso caráter empírico, enfim, do forte e do fraco e toda nossa individualidade. Esse caráter vem formar uma terceira espécie num gênero que se compõe com os outros dois. Em síntese, o caráter adquirido, oriundo da experiência do dia a dia, da vivência, acaba por nos forjar as atitudes através de uma prática de "depuração". É através do caráter adquirido que passamos a conhecer o que queremos e o que podemos. Enquanto ignorarmos o que queremos e o que podemos, não temos caráter.

Enfim, a liberdade da Vontade como coisa-em-si não se transmite aos seus fenômenos, nem mesmo à pessoa moral.

Esta nunca é livre, é fenômeno determinado pela Vontade livre. Ao homem permanece a consciência ilusória da liberdade: julga-se livre *a priori* em suas ações que, por experiência *a posteriori*, reconhece a necessidade absoluta de suas ações. Entretanto, há os que calorosamente sustentam que a liberdade advém de todos os seus atos, enquanto que os grandes pensadores e até as religiões mais profundas a negam (SCHOPENHAUER, s.d., c). A Vontade e todos os seus fenômenos não está submetida à necessidade, sendo ela mesma digna do nome livre e "todo-poderoso".

Pode-se perceber nessas colocações de Schopenhauer que sua solução para o problema da liberdade é contraditória. Entretanto, o filósofo parece propor uma solução para essa contradição: é necessário abandonar o princípio de razão suficiente, isto é, elevar-nos com a ajuda do conhecimento racional além do princípio de individuação. Então a liberdade relegada para fora do mundo dos fenômenos, na qualidade de atributo da Vontade, manifestar-se-á no mundo ao suprimir a essência do nosso ser, donde resulta uma contradição do fenômeno consigo mesmo, que é expressa pelas palavras abnegação e santidade. Tal é a verdadeira e única maneira de como a liberdade da Vontade pode exprimir-se no mundo da aparência.

Esquema 7 – A formação do caráter

Caráter inteligível (exterior ao tempo) → Caráter empírico (manifestação)
+
Caráter adquirido (formado na prática do dia a dia)
=
Atitudes passíveis de depuração.
(o indivíduo dá-se a conhecer)
Observação: Quem ignora o que quer e o que pode não tem caráter.

Décima Lição

A ascese

Da mesma fonte de onde emana a caridade e a piedade, que se voltam contra o próprio indivíduo, emana também a negação do querer-viver. Em face da caridade, o ódio, a malvadez e a injustiça desaparecem. O conhecimento permitiu olhar através do princípio de individuação. Conseguiu-se, portanto, suprimir a individualidade; tornou-se clara a identidade do querer e seus fenômenos. O véu de Maya foi erguido; já não mais se faz distinções entre o eu e o outro. As dores do mundo foram assimiladas; sofrimento algum se mostra estranho.

É o conhecimento das coisas-em-si que acalmam a Vontade. Esta desliga-se da vida; ela já não quer, não se afirma pelo prazer. O homem evoluiu, encontra-se no estágio da resignação, da abnegação voluntária. A Vontade afasta-se da vida e de seus gozos; ela se horroriza. A inteligência reflete a Vontade, mas já não lhe é mais servil. O homem galgou o estádio de renúncia espontânea e mostra-se sereno. Mas Maya, que ainda está próximo, tenta fazer uso do recurso da sedução: os elogios, as lisonjas dos bajuladores, o engodo da esperança, o atrativo dos prazeres. O homem diz não! O caráter é suprimido, pois as representações não mais apresentam motivos. A Vontade dobra sua cerviz; ela nega seus fenômenos, sua própria essência. A compaixão – *mitleiden* – o sofrer com – já não é suficiente. É essa transformação que tira o homem do estágio da abnegação e o lança no ascetismo.

Não basta incorporar as dores do mundo, o homem deixa de querer o que quer que seja, torna-se indiferente a tudo, nega a Vontade ao contrariar o corpo, recusa-se a uma satisfação sexual. A castidade voluntária é o primeiro passo para o ascetismo. Todo e qualquer sofrimento, ultraje, ofensa, será bem-vindo; há uma patente alegria em acolhê-los. Aliás, faz uso destes para negar sua vontade. Sofrimentos e injúrias já não lhe fazem caso. O corpo é tratado com parcimônia, quase que com indiferença. A renúncia total, já um ascetismo, faz com que a individualidade ceda lugar aos interesses da espécie. O amor é universalizado. O homem despoja-se das riquezas, dos bens materiais, do conforto, e isola-se, deixando de lado até mesmo a família e aqueles que lhe são caros. Nos Evangelhos encontramos: "Se queres ser perfeito, vai, vende os teus bens, dá aos pobres, e terás um tesouro nos céus; depois vem e segue-me" (Mt 19,21).

Esse exercício místico shopenhauriano apresenta traços semelhantes com a liberdade mística proposta por Mestre Eckhart. Observemos, mesmo que *en passant*, o conceito de *Von Abgeschiedenheit*. Esse termo traduzido para o português pode ser entendido como "desprendimento", "completa disponibilidade", "total liberdade", "reduzir-se ao mais simples", "demitir-se de si mesmo". Para o místico religioso alemão, esse "desprendimento" é a condição de possibilidade para a ação divina na alma, não ao modo da alma, mas divinamente em Deus. A não vontade torna a alma completamente livre. A liberdade aqui é entendida como o não permitir que o mundo ou qualquer outra circunstância torne-se constrangedora; um processo de libertação que teve início com o desprendimento reduziu-se, disponibilizou-se, negou-se a si mesmo até culminar na total liberdade.

Schopenhauer, no entanto, entende o ascetismo como " [...] o aniquilamento refletido do querer que se obtém pela renúncia aos prazeres e pela procura do sofrimento [...]" (SCHOPENHAUER, s.d., c, p. 520). Mas só um número reduzido de homens consegue chegar ao ascetismo de modo refletido. Schopenhauer (p. 520) diz-nos que " [...] é quase sempre preciso que grandes sofrimentos tenham quebrantado a Vontade, para que a negação do querer se possa produzir". Aqui pode se perceber que o sofrimento leva à libertação. A aproximação da morte e o desespero são também indispensáveis à purificação pela dor. Grandes infelicidades e/ou sofrimentos possibilitam ao homem a compreensão do esforço inútil em lutar pelo querer-viver. Quando ao homem é recusada de modo definitivo a satisfação de um grande desejo, a Vontade quebra-se, pois ela torna-se incapaz em querer qualquer outra coisa. A dor, portanto, se torna conhecimento puro e conduz à resignação.

Schopenhauer (p. 527) pode rematar seu pensamento quando declarou: " [...] o amor verdadeiro e puro, e mesmo a boa vontade, procede já da intuição que vê além do princípio de individuação, a qual, chegada ao seu mais alto grau, conduz à santidade absoluta e à libertação [...]".

Pelo exposto, entendemos que Schopenhauer faz da ascese – a vida voltada à santidade – na qual o abandono total dos fenômenos e dos engodos da Vontade, sendo a negação do querer-viver, a abnegação, a compaixão e a total renúncia os degraus a serem galgados como condição *sine qua non*, para que o homem experiencie sua libertação e, consequentemente, a liberdade.

CONSIDERAÇÕES FINAIS

Inegavelmente o ponto de partida da filosofia de Schopenhauer é Kant. O sistema kantiano é imprescindível para compreender o pensamento de Schopenhauer, pois ele constantemente o supõe e usa como fonte e orientação.

Entretanto, para Schopenhauer, de acordo com sua obra *Crítica da filosofia kantiana*, o pensamento de Kant contém "muitos e graves erros". Schopenhauer refuta passo a passo suas teses específicas e entende ter demolido o racionalismo logicista e abstrato tão característico do pensador de Königsberg. Por outro lado, Schopenhauer dá atenção especial à *Crítica da razão pura* – as outras não merecem atenção por estarem diante de uma nova orientação filosófica.

Seu ponto de partida é a distinção kantiana entre fenômeno e coisa-em-si, acrescida das condições *a priori* da experiência, que começa pela percepção dos sentidos ou pelas mudanças causadas no corpo através das sensações e que cria representações intuitivas. Tais representações intuitivas são obra do entendimento; ele as cria. É essa tese típica do romantismo schopenhauriano que o separa de Kant, muito embora Schopenhauer considere um "grande mérito" esse "descobrimento" de sua filosofia. Schopenhauer a tomará como fundamental em sua distinção entre o mundo que aparece e o mundo como é. Todavia, sua interpretação de fenômeno e *noumenon* – coisa-em-si – se afastam do sentido genuíno kantiano. Schopenhauer extraiu esse sentido da filosofia hindu. Para Kant, como sabemos, o fenômeno é a única realidade possível para o conhecimento, e o *noumenon* é o seu limite intrínseco. Contrariamente, para Schopenhauer, fenômeno é ilusão, e *noumenon* é aquilo que se oculta atrás da ilusão representativa, a Vontade, que agora se torna acessível, o que seria impossível para Kant. Sem ela (a Vontade), o mundo seria apenas representação.

A Vontade, contudo, é a origem de toda dor e de todo mal; a Vontade é um querer constante, irracional. Quando contrariada, revela-se como sofrimento. A Vontade é também um querer conservar-se, perpetuar-se; querer é, antes de tudo, querer viver. Mas a vida é provisória. O que nela pareceria perpétuo é o desconhecimento do caráter irracional do impulso volitivo. Ao tomar consciência da dor de viver, o homem encontra-se a caminho de sua supressão. Esta vai desde a negação da vontade de viver até a contemplação.

Aqui, no limiar de sua ética, surge a questão da liberdade. Antes, porém, diferentemente de Kant, Schopenhauer adverte que não vai propor uma ética de preceitos, nem uma doutrina de deveres, menos ainda um fundamento moral das virtudes, ou uma proclamação de um imperativo categórico, ou códigos de leis, porque são conceitos contraditórios. O fundamento da ética schopenhauriana é a contínua abnegação que provoca a dilaceração da Vontade consigo própria.

No afã de viver satisfazendo perpetuamente os apetites da Vontade, surge no indivíduo o egoísmo, e dele advêm as injustiças. Contra estas surgem o Direito e o Estado como instrumento de oposição ao egoísmo.

Na vida, o egoísmo é superado pelo conhecimento da realidade que une todos os seres. Todos os seres são idênticos entre si. Por isso, cada um pode sentir em si mesmo e com a mesma intensidade, a dor alheia; pode sofrer-com, ter compaixão. "Chorar é ter compaixão de si mesmo" (SCHOPENHAUER, s.d., c, p. 500); quando choramos pelos males alheios é "[...] porque na nossa imaginação nos colocamos do lugar daquele que sofre; vemos na sua sorte o quinhão comum da humanidade [...]" (p. 501).

Finalmente a ascese é o mais alto grau libertador da moral da compaixão, porque o "homem se reconhece em todos os seres e descobre sua essência íntima e verdadeira em todas as criaturas [...] apropriando-se, assim, da dor universal" (p. 503). O asceta saudará a morte com júbilo e a desejará ardentemente. Sua missão é libertar a realidade de toda a dor; o mundo totalmente redimido pelo homem. "O resto da natureza espera sua salvação pelo homem, que é sacerdote e vítima" (p. 507).

Assim, o homem ético de Schopenhauer, no nosso entender, possui um caráter "sublime", isto é, a indiferença diante da Vontade. Não se trata de virtude, mas uma indiferença alheia aos interesses da Vontade. Ele refaz sua essência no Nada. Isto é a sua verdade: o mundo como representação é o Nada. Nada é a liberdade. Neste sentido, não se fala de uma liberdade de escolher, mas sim de um "estado": o Nirvana.

REFERÊNCIAS

ARISTÓTELES (1999). *Ética a Nicômaco*. 3. ed. Brasília: UnB [Trad. de Mário da Gama Kury].

BARAQUIN, N.; LAFFITTE, J. (2007). *Dicionário Universitário de Filósofos*. São Paulo: Martins Fontes [Trad. de Eduardo Brandão].

BARBOZA, J. (2005). *Infinitude subjetiva e estética* – Natureza e arte em Schelling e Schopenhauer. São Paulo: Unesp.

CACCIOLA, M.L.M.O. (1994). *Schopenhauer e a questão do dogmatismo*. São Paulo: Edusp.

CASSIN, B. (org.) (2004). *Vocabulaire Européen des Philosophies* – Dictionnaire des Intraduisibles. Paris: Le Robert/Seuil.

DIDIER, R. (s.d.). *Schopenhauer*. Paris: Seuil.

EPICTET (1948). *Das Hand-büchlein der Moral*. Stuttgart: Vita Nuova.

GARDINER, P. (1975). *Schopenhauer*. México: Fondo de Cultura Económica.

KANT, I. (2006). *Critique de la raison pure*. Paris: Aubier.

KRISHNAMURTI, J. (1973). *Viagem por um mar desconhecido*. Rio de Janeiro: Três [Trad. de Hugo Veloso].

MAGEE, B. (2001). *Confissões de um filósofo*. São Paulo: Martins Fontes [Trad. de Waldéa Barcellos].

_____ (1991). *Schopenhauer*. Madri: Cátedra.

MARCONDES, D. (2000). *Introdução à História da Filosofia*. 5. ed. São Paulo: Zahar.

MESTRE ECKHART (1999). *O livro da divina consolação e outros textos seletos*. 4. ed. Petrópolis: Vozes [Trad. de Raimundo Vier et al.].

MORA, J.F. (1992). *Diccionario de Filosofía*. 7. ed. Madri: Alianza.

NIETZSCHE, F. (2000a). *O anticristo*. 10. ed. São Paulo: Centauro.

_____ (2000b). *Crepúsculo dos ídolos*. Rio de Janeiro: Relume-Dumará [Trad. de Marco Antonio Casa Nova].

_____ (1998). *Genealogia da moral*. São Paulo: Companhia das Letras [Trad. de Paulo César de Souza].

_____ (1991). *Considerações Extemporâneas*. Vol. II. São Paulo: Nova Cultural [Col. Os Pensadores – Trad. de Rubens Rodrigues Torres Filho].

PERNIN, M.-J. (1995). *Schopenhauer*: decifrando o enigma do mundo. Rio de Janeiro: Zahar [Trad. de Lucy Magalhães].

PHILONENKO, A. (1989). *Schopenhauer*: una filosofía de la tragedia. Barcelona: Antrophos [Trad. de Gemma Muñoz-Alonso].

REALE, G.; ANTISERI, D. (1991). *História da filosofia* – Vol. III. 3. ed. São Paulo: Paulus.

REDYSON, D. (2009). *Dossiê Schopenhauer*. São Paulo: Universo dos Livros.

ROVIGHI, S.V. (1999). *História da filosofia contemporânea*. São Paulo: Loyola [Trad. de Ana Pareschi Capovilla].

SAFRANSKI, R. (1991). *Schopenhauer y los años salvajes de la filosofía*. Madri: Alianza.

SCHOPENHAUER, A. (2008). *A arte de escrever*. Porto Alegre: L&PM [Trad. de Pedro Süssekind].

_____ (2006). *Parerga e Paralipomena*. – Vol. VI. Madri: Trotta.

_____ (2005). *Sobre o ofício do escritor*. 2. ed. São Paulo: Martins Fontes [Trad. de Luiz Sérgio Repa e Eduardo Brandão].

_____ (2003). *Metafísica do belo*. São Paulo: Unesp [Trad. de Jair Barboza].

_____ (2001a). *A arte de ser feliz*. São Paulo: Martins Fontes [Trad. de Marion Fleisher e Eduardo Brandão].

_____ (2001b). *A arte de ter razão*. São Paulo: Martins Fontes [Trad. de Alexandre Krug e Eduardo Brandão].

_____ (2001c). *Sobre a filosofia universitária*. 2. ed. São Paulo: Martins Fontes [Trad. de Maria Lúcia Mello Oliveira Cacciola e Márcio Suzuki].

_____ (2000). *Metafísica do amor/metafísica da morte*. São Paulo: Martins Fontes [Trad. de Jair Barboza].

_____ (1993a). *Los problemas fundamentales de la ética*. Madri: Siglo XXI.

_____ (1993b). *Metafísica de las costumbres*. Madri: C.S.I.C./ Debate.

_____ (1991). *Crítica à filosofia kantiana & Parerga e Paralipômena*. São Paulo: Nova Cultural [Coleção Os Pensadores – Trad. de Wolfgang Leo Maar e Maria Lúcia Mello Oliveira Cacciola].

_____ (1986a). *Textes sur la vue et sur les couleurs*. Paris: J. Vrin.

_____ (1986b). *Sämtliche Werke*. Frankfurt am Main: Suhrkamp Taschenbuch Wissenschaft [Band 1: *Die Welt als Wille und Vorstellung*; Band 2: *Die Welt als Wille und Vorstellung*; 3: *Kleinere Schriften*; Band 4: *Parerga und Paralipomena*; Band 5: *Parerga und Paralipomena*].

_____ (1983). *De la quadruple racine du principe de raison suffisante*. 4. ed. Paris: J. Vrin [Em espanhol: (1989). *De la cuádruple raiz del principio de rázon suficiente*. Madri: Gredos].

_____ (1969). *De la volonté dans la nature*. Paris: PUF.

_____ (1956). *Aforismos para a sabedoria na vida*. São Paulo: Melhoramentos [Trad. de Genésio de Almeida Moura] [2. ed. (2006). São Paulo: Martins Fontes – Trad. de Jair Barboza].

_____ (1955). *As dores do mundo*. Salvador: Progresso.

_____ (1951). *O instinto sexual*. São Paulo: Correia [Trad. de Hans Koranyi].

_____ (1950). *Obras Completas*. Vol. V1. Buenos Aires: El Ateneo.

_____ (1948). *El fundamento de la moral*. Buenos Aires: El Libro.

_____ (s.d. (a)). *A vontade de amar*. Rio de Janeiro: Ediouro [Trad. de Aurélio de Oliveira].

_____ (s.d. (b)). *O livre-arbítrio*. Rio de Janeiro: Ediouro [Trad. de Lohengrin de Oliveira].

_____ (s.d. (c)). *O mundo como vontade e representação*. Porto: Rés.

_____ (s.d. (d)). Regras de conduta para bem viver. In: *Os grandes pensadores*. Rio de Janeiro: Vecchi [Trad. de Eloy Pontes].

SHAKESPEARE, W. (1981). *Hamlet*. São Paulo: Abril [Trad. de F. Carlos de Almeida Cunha Medeiros e Oscar Mendes].

VECCHIOTTI, I. (1986). *Schopenhauer*. Lisboa: Ed. 70.

WEISCHEDEL, W. (1999). *A escada dos fundos da filosofia*. São Paulo: Angra [Trad. de Edson Dognaldo Gil].